ERNESTO SCHETTINI

Sostituto Segretario aggiunto Procura Generale

LE TRE FORME DELLA CLEMENZA SOVRANA

AMNISTIA, INDULTO E GRAZIA

NELLA

LEGISLAZIONE POSITIVA ITALIANA

BOLOGNA
STAB. TIP. ZAMORANI E ALBERTAZZI
PIAZZA CALDERINI - PALAZZO LOUP
1899

In the interest of creating a more extensive selection of rare historical book reprints, we have chosen to reproduce this title even though it may possibly have occasional imperfections such as missing and blurred pages, missing text, poor pictures, markings, dark backgrounds and other reproduction issues beyond our control. Because this work is culturally important, we have made it available as a part of our commitment to protecting, preserving and promoting the world's literature. Thank you for your understanding.

A L'INSIGNE MAGISTRATO

Comm. NICOLA RICCIUTI

PROCURATORE GENERALE DEL RE

IN ATTESTATO DI DEVOZIONE

L'AUTORE DEDICA

SOMMARIO

PARTE PRIMA

§ 1. Caratteri generali e differenziali dell'amnistia, dell'indulto e della grazia. — § 2. Effetti dell'amnistia. — § 3. Effetti dell'indulto e della grazia. — § 4. Effetti comuni ai tre istituti.

PARTE SECONDA

§ 1. Amnistia condizionata ed incondizionata. — § 2. Procedura per l'amnistia incondizionata. — § 3. Procedura per l'amnistia condizionata. — § 4. Procedura inerente all'indulto. — § 5. Carattere delle declaratorie della Sezione di accusa e mezzi per impugnarle. — § 6. Procedura per ricorrere in grazia.

PARTE TERZA

Applicabilità. — § 1. Casi di vera e propria amnistia. — § 2. Casi di indulto. — § 3. Casi di amnistia-indulto, decreti complessivi. — § 4. Criteri generali in ordine all'applicazione dei tre benefici.

PARTE PRIMA

§ 1.°

Caratteri generali e differenziali.

L'Amnistia è quell'atto della Volontà Sovrana che dichiara esenti da penale responsabilità tutti coloro che al momento in cui essa viene concessa, si trovino di avere commesso alcuno dei reati determinati nel Reale decreto. Non può quindi iniziarsi procedimento penale, essendo venuta meno la necessità politica della irrogazione della pena. Se l'azione si trovi già in esercizio, essa viene estinta; e qualora siasi già pronunziata la condanna, questa rimane spogliata di ogni forza esecutiva.

Il concetto dell'amnistia è chiaramente definito dallo illustre ZANARDELLI [1] nella relazione che accompagna il testo definitivo del nuovo Codice Penale: « L'amnistia, egli dice, è provvida
» istituzione la quale significa oblio del reato, sicchè cancella il
» fatto medesimo che è oggetto dell'azione penale e della con-
» danna. Essa opera conseguentemente sull'azione, e come corol-
» lario imprescindibile sulla condanna, ove il reato per cui si con-
» cede sia stato già giudicato. »

L'Indulto è quel provvedimento Sovrano che condona, attenua e modifica le pene inflitte con condanna irrevocabile, per una determinata categoria di reati. La caratteristica dell'Indulto è quella di risparmiare o abbreviare a tutti coloro che si trovino condannati per quei reati, la sofferenza della pena riportata.

---

[1] Relazione a Sua Maestà il Re, pag. 64.

Profonda differenza corre tra queste due forme di Clemenza Sovrana:

L'**Amnistia** mira all'**azione penale** e la **estingue**. Se l'azione aveva dato luogo alla condanna, questa rimane pure estinta; e la estinzione della condanna non è che la conseguenza dell'estinzione dell'azione penale (¹). L'**Indulto** non estingue l'azione penale, mira invece alla **pena**, mitigandola o rimettendola interamente a colui che l'aveva riportata.

La Grazia è un provvedimento Sovrano che ha il medesimo obbiettivo dell'indulto: condona, modifica o attenua le pene definitivamente inflitte.

La Grazia riguarda però sempre la persona del condannato che l'ha invocata. Tale caratteristica la distingue dall'**Amnistia** e dall'**Indulto**, i quali benefici, concessi per Sovrana iniziativa, non riguardano le persone, ma una determinata categoria di reati.

§ 2.°

Effetti dell'Amnistia.

I. Col sopravvenire dell'Amnistia tutte quelle azioni che rivestivano carattere di reato, non possono più essere imputabili a coloro che le avevano commesse. Se furonvi condanne, quelli che le avevano riportatate vengono ristabiliti nelle condizioni in cui trovavansi prima del reato, e rimessi nei diritti dai quali erano decaduti in conseguenza della condanna (²).

II. Facendo l'Amnistia cessare tutti gli effetti penali della condanna, questa non costituisce recidiva a' sensi dell'art. 80 Cod. Pen. Ciò è concordemente ritenuto dalla dottrina e dalla giurisprudenza (³).

(¹) LUCCHINI — *Verbale della Commissione*. N. XV, pag. 224.

(²) Il condannato, in virtù dell'amnistia, resta riabilitato; e non ha d'uopo di esperire il procedimento di cui all'art. 100 del Cod. Penale che non fa parola dell'amnistia, sibbene delle condanne estinte per indulto o per grazia. Il dubbio era stato eliminato dalla legge 28 giugno 1866 n. 3008, la quale aveva cancellato dall'art. 834 del Cod. Proc. Pen., ora abrogato, la parola *amnistia*.

(³) Vedi IMPALLOMENI. *Comm. Cod. Penale*. Vol. 1, pag. 317. — SALUTO. *Com. Cod. Proc. Pen.* Vol. 8, pag. 77. — TRAVAGLIA. Vol. 1, pag. 427. — Sentenza Corte di Cassazione 2 aprile 1891. — *Riv. Penale*. Vol. 39, pag. 618. — GIACHETTI. *Com. al Cod. Penale*. Vol. 3, pag. 480 e nota ivi.

III. Si fa però questione se il condannato possa in virtù dell'Amnistia chiedere la eliminazione del cartellino dal Casellario, e se per conseguenza possa ottenere la cancellazione della imputazione dai registri penali a norma dell'art. 604 C. P. P. La Corte di Cassazione di Firenze, con sentenza 18 febbraio 1882, giudicava che l'Amnistia non dà diritto a chicchessia di ottenere cancellata dai registri penali l'amnistiata imputazione, mentre il criterio che informa l'art. 604 non è la semplice presunzione di innocenza, ma la prova certa d'innocenza affermata con ordinanza o sentenza divenuta irrevocabile.

Il Saluto, il Borsani, il Casorati (¹) ed alcune Corti giudiziarie (²) ritennero invece che il condannato abbia il dritto a chiedere la eliminazione del cartellino dal Casellario, e la cancellazione dell'imputazione dai registri penali, e fin la Corte di Cassazione di Roma con sentenza 20 luglio 1893 considerò che il diritto della eliminazione del cartellino non deriva dall'art. 604, ma dall'amnistia piena ed incondizionata concessa dal Re in virtù di suoi poteri (art. 8 dello Statuto), la quale in ciò che dispone modifica e deroga alle leggi precedenti in quanto siano contrarie (³). Il Supremo Collegio però allontanossi da tale massima con una posteriore sentenza del 24 maggio 1895 (⁴) giudicando che il cartellino già redatto non possa essere, in seguito all'amnistia, eliminato, giacchè i casi di eliminazione sono tassativamente indicati nell'art. 604 C. P. P. Tale massima fu rifermata da altra del 21 marzo 1898 (⁵) e dalle recentissime sentenze 26 aprile e 1 maggio 1899 (⁶). Con quest'ultima la Corte considerò che la Indulgenza del Principe che concede Amnistia per determinati reati non rende obbiettivamente inesistenti i fatti delittuosi che siansi per avventura avverati, ma solo per un principio altamente sociale e benefico ne estingue l'azione penale. Tutto ciò non toglie che per codesti fatti d'indole delittuosa, pei quali era già in corso

---

(¹) Saluto. *Comm. al Cod. Proc. Penale.* Vol. 8, pag. 77. — Borsani e Casorati, *Comm. al Cod. Proc. Pen.* Vol. 7, pag. 435.

(²) Cass. Torino 2 febbraio 1881. *Legge* XXI. 358 — Cass. Palermo 18 agosto 1888. — Corte di Appello di Palermo 19 maggio 1893. *R. Pen.*, pag. 511.

(³) *Cassazione Unica*, pag. 881. Anche l'insigne magistrato Michele Narici riconosce nel condannato il diritto a chiedere la eliminazione del cartellino dal Casellario e la cancellazione dell'imputazione dai registri penali. Monografia pubblicata nella *Rivista Penale*. Vol. 10, pag. 489. Vedasi anche Monografia pubblicata da Annibale Albi nella *Riv. Pen.* Vol. 43, pag. 240, che eziandio sostiene avere il condannato dritto alla cancellazione dell'imputazione penale.

(⁴) *Riv. Pen.* Vol. 42, pag. 100.

(⁵) *Riv. Pen.* Vol. 45, pag. 483.

(⁶) *Riv. Pen.* Vol. 24, pag. 596. — In. Id. Vol. 50, pag. 66.

il procedimento, chiuso con decisione del magistrato, unicamente in vista del sopravvenuto beneficio, non debba essere redatto il cartellino, e se già redatto, debba essere rimosso dal Casellario; e anche quando la pronunzia del magistrato avvenisse nel periodo istruttorio, la decisione debba essere conservata nel Casellario giudiziale, giacchè il beneficio dell'Amnistia non si estende a cancellare ciò che storicamente è avvenuto, la notizia cioè del fatto delittuoso e la persona che n'era imputata.

Le recenti decisioni della Corte di Cassazione parmi che rispondano esattamente alle disposizioni di legge in vigore. La inserzione e la permanenza del cartellino nel Casellario giudiziale, nei casi di Amnistia, sono chiaramente prescritte dall'art. 1.° del R. Decreto 6 dicembre 1865 modificato col R. Decreto 1.° dicembre 1889. Ed i casi in cui il cartellino istesso non debba compilarsi sono pure prescritti dal N. 2 del cennato articolo, il quale si riporta bensì ai provvedimenti di che all'art. 604 C. P. Penale. Tutte codeste ipotesi, lo affermò il Supremo Collegio a sezioni riunite, sono tassative. Quella dell'Amnistia non vi si comprende, epperò è fuori dubbio che il cartellino debba essere redatto, e se già esistente, non possa essere eliminato. E ciò viene anche rifermato dalle istruzioni contenute nella Circolare 12 aprile 1886 N. 1163, emanata da S. E. il Ministro TAIANI, il quale spiegava doversi le disposizioni del R. Decreto 6 dicembre 1865 interpretare ristrettivamente, giacchè dettate da motivi d'indole speciale. Sembra poi molto savia la osservazione della Corte, che cioè la Amnistia non renda obbiettivamente inesistenti i fatti delittuosi, ma solo per principio altamente sociale e benefico ne estingue l'azione penale. Ogni azione delittuosa, infatti, notava il CARMIGNANI, in tanto è imputabile in quanto la civile società è nel bisogno d'imputarla. E l'Amnistia, come modo politico di estinzione, fa cessare appunto tale bisogno d'imputazione; ma quell'azione rileverà sempre la cattiva tendenza al male di colui che l'ha commessa. Tenuto quindi presente il fine cui è preordinato il Casellario giudiziale, di conservare, cioè, e rendere pronta la notizia degli antecedenti penali di una determinata persona, non pure per fornire elementi alla giustizia punitiva, quanto per ritrarre la biografia di una persona, sul conto della quale la Società possa aver ragione d'indagare, sorge evidente la necessità che di quell'azione rimanga traccia nel Casellario, nè possa cancellarsene la memoria che esiste nei registri penali, giacchè i provvedimenti indicati nell'art. 604, come bene osservò la Corte di Cassazione di Firenze, devono riguardare la prova certa d'inno-

-cenza affermata da ordinanza o sentenza irrevocabile, non già la presunzione d'innocenza che potrebbe aversi nell'Amnistia.

IV. Per espressa menzione fattane dall'art. 103 Codice Penale, il condannato favorito dall'Amnistia non ha l'obbligo di pagare le spese processuali. Devono essere eccettuati i dritti spettanti agli uscieri ed ai terzi, i quali dritti non costituiscono un credito erariale, ma un corrispettivo dell'opera prestata da terze persone non retribuite dallo Stato (¹).

V. Sorse dubbio se, espiata la pena prima della pubblicazione del Decreto d'Amnistia, siano dovute le spese del giudizio. Il dubbio fu in modo concorde risoluto nel senso affermativo da parecchie decisioni della Cassazione (²), la quale considerò che quando la condanna è già estinta per avere il condannato espiata la pena, non può parlarsi d'Amnistia; e l'obbligo di soddisfare le spese processuali, essendo un effetto d'indole civile e non penale della condanna, rimane sempre integro.

VI. L'Amnistia estinguendo l'azione penale, non estingue parimenti l'azione civile, cui il fatto possa dar luogo. L'azione privata, dice il CASORATI (³), che nasce da un fatto punibile, è in sostanza un'azione creditoria al pari di qualunque altra che non abbia siffatta origine. Su tale principio è informato appunto l'articolo 102 del Codice Penale, il quale reca: « L'istruzione dell'azione penale non pregiudica l'azione civile per la restituzione ed il risarcimento del danno. »

VII. Si è fatta quistione se, in virtù dell'Amnistia, la condanna al risarcimento del danno, già pronunziata insieme alla condanna penale, sussista o perda la sua efficacia giuridica. Un recente giudicato della Cassazione (⁴) ritiene che tali condanne, come conseguenza pedissequa della sentenza penale che le ha pronunziate, restano cancellate anch'esse, salvo alla parte di istituire un giudizio per tutte le conseguenze di legge.

VIII. Intorno alla competenza dell'autorità che debba conoscere dell'azione civile, quando la penale sia estinta dall'Amnistia, agitossi un tempo viva discussione.

Alcune Corti avevano adottata la massima che l'Amnistia non spoglia il giudice penale della competenza a conoscere dell'azione

---

(¹) Normale Ministeriale 10 maggio 1892, n. 7253 - *Bollettino Demaniale* p. 187.
(²) Sentenza Cass. 9 novembre 1891. *Cass. Unica*, col. 942. *Riv. Penale*. Vol. 46, pag. 135. — 27 gennaio 1897. *Cass. Unica*, col. 525. — 26 marzo 1897. *Riv. Penale* Vol. 46, pag. 341.
(³) CASORATI Prof. LUIGI. Monografia pubblicata nella *Rivista Penale*, Vol. 10, pag. 21.
(⁴) Sent. Cass. 9 dicembre 1898. *Riv. Pen.*, pag. 396.

civile nascente dal reato amnistiato. (¹) Ma tale massima fu vivamente confutata da non pochi scrittori (²), i quali invece sostennero che, estinta l'azione penale per Amnistia, il magistrato penale non abbia più veste a conoscere dei danni dei quali dee occuparsi il giudice civile. « L'esercizio dell'azione civile in sede penale, scrive il chiaro CASORATI (³), è una deroga al principio cardinale della separazione delle giurisdizioni giustificata dalla contemporaneità dell'esercizio delle due azioni. Tale contemporaneità è eliminata dall'intervento dell'Amnistia, la quale, coll'abolire, ossia togliere di mezzo l'azione penale, restituisce le cose allo stato in cui si trovavano prima che il giudice penale fosse investito della cognizione del reato, e gl'impedisce per conseguenza di portare giudizio sull'azione civile. » La recente giurisprudenza ha confermato tali concetti con larga copia di decisioni, e può ora dirsi costante e pienamente concorde con la dottrina. (⁴)

IX. Una eccezione a tale principio generale fu fatta recentemente dalla Corte di Cassazione con la sentenza 25 novembre 1898 (⁵) pronunziando in merito alla seguente questione:

Dato che l'azione penale promossa contro più individui sia dichiarata estinta, in virtù dell'Amnistia, soltanto per taluni, e resti in vigore per altri, si è domandato se l'azione civile pedissequa debba essere proseguita davanti lo stesso giudice penale anche contro coloro pei quali fu dichiarata estinta l'azione penale.

La questione è stata risolta in senso affermativo. La Corte saviamente considerò che dovendo l'azione penale continuare per alcuni, e con essa l'azione civile, questa per ragione di connessità può e deve essere proseguita davanti lo stesso giudice penale, anche contro coloro pei quali fu dichiarata estinta l'azione penale;

(¹) e (²) SALUTO. Comm. Cod. Proc. Pen. Vol. 8, pag. 81 e nota ivi. — BORSANI e CASORATI. Comm. Cod. Proc. Pen. Vol. 1, pag. 150 e note ivi. — NARICI MICHELE. Vedasi Monografia pubblicata nella Riv. Penale, Vol. 9, pag. 500. — TRAVAGLIA. Comm. nuovo Cod. Pen. Vol. 2, pag. 424, 425.

(³) CASORATI Prof. LUIGI. Monografia pubblicata nella Rivista Penale a pag. 24 del Vol. 10. L'insigne scrittore con rigorosa critica confuta la massima adottata dalla Corte di Cassazione subalpina in data 27 gennaio 1878.

(⁴) Sentenze: Cass. 1890. Mass. 1883. Riv. Pen. Vol. 31 - 18 dicembre 1893. Cass. Unica, col. 297 - 19 gennaio 1897. Riv. Pen. Vol. 45, pag. 264. - 19 luglio 1898 Rivista Giudiziaria, Fasc. III - 15 luglio 1893. Riv. Pen. Vol. 38, pag. 447 - 8 giugno 1893. Riv. Penale, Vol. 38, pag. 129.

(⁵) Sent. Cass. Riv. Pen. Vol. 49, pag. 267. Vedasi anche sent. 19 luglio 1898, Vol. 47, pag. 250, nello stesso senso.

nè potrebbe essere portata a conoscenza del giudice civile, senza intoppare nell'eccezione d'incompetenza per connessione o continenza di causa. Che concorrano gli estremi della connessione non può esser posto in dubbio da chi considera che identico è il fatto da cui nasce l'azione civile, identica la cosa domandata, *eadem res*, identica la *quaestio* o *causa petendi*. Epperò concorrendo tutte le condizioni della connessione e continenza di causa e della conseguente inscindibilità del giudizio — la controversia deve essere decisa da un giudice unico — che nella specie è il magistrato penale.

§ 3.°

Effetti dell'Indulto e della Grazia.

I. L'Indulto e la Grazia, a differenza dell'Amnistia, lasciano sussistere la condanna, la quale conserva piena autorità alla cosa giudicata, rimanendone soltanto modificate le conseguenze (¹).

Il graziato, dice il NICCOLINI (²), non è men condannato di chi sta espiando la pena; se non che ha un motivo di più a rispettare le leggi.

La condanna dunque permane a costituire la recidiva a' sensi dell'art. 80 Cod. Penale; ed il condannato non può conseguentemente chiedere la eliminazione del cartellino dal Casellario giudiziale e la cancellazione della imputazione dai registri penali (³), e per essere riabilitato deve esperire il procedimento di cui all'art. 100 del Codice Penale.

II. A differenza dell'Amnistia, l'Indulto e la Grazia non fanno cessare l'azione dell'Erario per la riscossione delle spese processuali; e non pregiudicano, con la estinzione della pena, la condanna civile alle restituzioni ed al risarcimento dei danni che sia stata pronunziata con la condanna penale. Ciò è espressamente dichiarato dall'art. 103 del Codice Penale.

III. Alcuni degli effetti della condanna penale favorita dall'Indulto e dalla Grazia cessano *ipso jure*, altri cessano quando i Reali Decreti ne facciano espressa menzione. L'articolo 87 del

---

(¹) TRAVAGLIA. Vol. 2, pag. 427.
(²) *Comm. Cod. Proc. Pen.* Parte 1ª, pag. 271.
(³) Sent. Cass. 26 luglio. *Riv. Pen.* Vol. 44, pag. 186.

Cod. Penale indica in modo chiaro gli uni e gli altri. I primi sono la interdizione del condannato e le incapacità di cui all'art. 83 del Codice istesso, la privazione cioè della patria potestà, dell'autorità maritale e della capacità di testare, salvo però nel caso in cui tali incapacità siano per legge congiunte alla pena sostituita.

I secondi sono l'interdizione dai pubblici uffici, la sospensione dell'esercizio di una professione od un'arte, e la vigilanza speciale della P. S.

§ 4.°

Effetti comuni all'Amnistia, alla Grazia ed all'Indulto.

I. Per l'art. 89 del Codice Penale, l'Amnistia, la Grazia e l'Indulto non danno dritto alle restituzioni delle cose confiscate, nè delle somme pagate all'Erario a titolo di pene pecuniarie. Questi benefici colpiscono la esecuzione della sentenza nello stato in cui si trova, e favoriscono tutto ciò che rimane per compierla.

II. La Corte di Cassazione ebbe recentemente a decidere la questione se si abbia diritto alla restituzione di una pena pecuniaria pagata posteriormente alla data del Decreto d'Amnistia. Trattavasi di un notaio contravventore che, minacciato di esecuzione per non aver pagata la pena pecuniaria incorsa, la pagò dopo l'Amnistia. Il prelodato Collegio, con sentenza 21 novembre 1898 ([1]), riconobbe nel detto notaro il dritto ad ottenere la restituzione, giacchè il pagamento non era dovuto, e anche perchè il notaro eseguì il pagamento *coactus* per sottrarsi alla minacciata esecuzione.

Questa decisione, come si vede, riguarda la ipotesi del pagamento avvenuto dopo l'Amnistia, la quale è operativa *ope legis* fin dalla sua pubblicazione. Ma essa potrebbe essere seguita nel caso in cui il pagamento venisse fatto dopo la pubblicazione di un Decreto d'Indulto?

Nella ipotesi in cui tal pagamento venga fatto a seguito di esecuzione continuata non ostante la sopravvenienza dell'Indulto, ragioni di equità consiglierebbero ad adottare il medesimo temperamento, sulla considerazione che il condannato, coartato, pagò la

---

([1]) *Riv. Pen.* Vol. 49, pag. 195.

somma per evitare maggiori spese; ma nell'altra in cui il condannato stesso non per la minaccia di esecuzione, ma perchè, consapevole del suo debito verso lo Stato, paghi la somma dopo il Decreto, ignorando la esistenza dello stesso, non parmi che esso possa avere diritto alla restituzione. L'Indulto infatti non è operativo se non dopo ottenuta la declaratoria, per la quale il condannato dovrà farne domanda nei modi e termini di cui all'art. 831 P. P. E fino a quando tale declaratoria non interviene, il credito dell'Erario è tuttavia esistente, non già estinto siccome nei casi di Amnistia incondizionata.

PARTE SECONDA

§ 1.°

Amnistia condizionata e incondizionata.

Per l'art. 830 del Cod. Proc. Pen. modificato col R. Decreto 1° dicembre 1889 l'Amnistia può essere largita *incondizionatamente* e *condizionatamente*. La seconda specie di Amnistia prescrive delle limitazioni, impone degli obblighi ai quali i condannati, imputati o accusati devono adempiere perchè ne possano essere favoriti. La convenienza politica ed i bisogni sociali, dice il SALUTO [1], impongono soventi volte delle guarentigie che valgano a preservare la società dai pericoli d'un'indulgenza accordata a persone che possano divenirne immeritevoli, e che servano di freno per non abusare del Sovrano favore a pregiudizio della Società.

L'Amnistia *incondizionata* produce il suo effetto di pieno dritto. L'Amnistia *condizionata* viene applicata sempre quando i condannati, imputati o accusati provino di aver adempiuto a tutte le condizioni stabilite nel Decreto Reale.

II. Si è da molti scrittori ampiamente trattata la questione se l'Amnistia preveduta dalla prima ipotesi possa essere rifiutata.

---

[1] *Comm. Cod. Proc. Pen.* Vol. 8.

La risoluzione negativa è prevalente, ed è eziandio divisa dalla recente giurisprudenza (¹).

L'adottata risoluzione ha fondamento sul principio, che essendo l'Amnistia emanata nell'interesse pubblico, l'interesse del privato vi deve sottostare (²). Obbiettossi da un insigne scrittore (³) che l'accettazione dell'Amnistia da parte di chi è innocente del reato, importerebbe implicitamente disdoro al suo nome. Opportunamente a tale obbiezione si rispose che nessun interesse può l'imputato avere a scolparsi di un fatto che la legge ritiene cancellato ed a cui toglie ogni carattere di delinquenza (⁴). Ciò che vorrebbe egli ottenere col giudizio, dice la Corte di Cassazione con la sentenza 17 gennaio 1894 (⁵), l'ha già ottenuto con l'Amnistia. La concessione di detto beneficio spetta al Principe, nell'interesse sociale e delle supreme esigenze dello Stato, e il Principe la concede per interessi d'ordine superiore, non per far rivivere odi e rancori spenti o affievoliti, non per suscitare scandali, ma per evitare inconvenienti d'interesse sociale. Ad un atto di Sovrana Clemenza, continua a dire la Corte, non si può rinunziare invocando la massima *beneficium invito non datur*, perchè non è un beneficio dato agl'imputati, ma un atto di supremo interesse sociale i cui scopi non possono essere frustrati.

§ 2.º

Procedura per l'Amnistia incondizionata.

I. Per l'Amnistia incondizionata, operativa di pieno dritto fin dalla pubblicazione, non vi è bisogno della istanza dell'interessato. Qualunque magistrato si trovi investito della cognizione del

---

(¹) SALUTO. Id. id., Vol. 8, pag. 76 — ARABIA. *Comm. Cod. Pen.* Vol. 1, pag. 246 — BORSANI e CASORATI. Vol. 7, pag. 482. — TRAVAGLIA. Vol. 2, pag. 415. — LUCCHINI. *Elementi Dritto penale*, pag. 117: L'Amnistia non è ricusabile. — Avv. LEVI, Monografia *Digesto italiano* fasc. 188, pag. 141. — Sent. Cass. 11 giugno 1895. Vol. 42, pag. 206 *Riv. Pen.* — 30 aprile 1897. *Riv. Pen.* Vol. 46, pag. 56, con la quale si giudicò che l'Amnistia è operativa *ope legis*, indipendentemente dalla volontà dell'inquisito.

(²) ARABIA. *Comm. Cod. Pen.*, pag. 246.

(³) Trattò la questione, concludendo per l'affermativa, il sig. ERIO SALA, professore nella Università di Modena, in Monografia pubblicata nella *Riv. Pen.* Vol. 2, pag. 382. Egli conclude: « 1.º che il cittadino che si riconosce essere colpevole, non debba essere ammesso al dritto di rifiutare l'Amnistia; chi dichiara invece di non poterla accettare perchè innocente del reato, dovrebbe aver dritto a chiedere che si proceda invece al giudizio. »

(⁴) Cassazione di Napoli, Sent. 1878.

(⁵) *Riv. Pen.* Vol. 39, pag. 486.

processo, sia in grado istruttorio, sia in grado di giudizio, può di ufficio applicare l'Amnistia. Se tale applicazione non venga fatta dal magistrato di cognizione, oppure trattisi di applicarla alla condanna già irrevocabile, la cui esecuzione deve essere come conseguenza dell'estinzione dell'azione penale, è competente la Sezione di Accusa. In questi casi il Procuratore Generale promuoverà di ufficio la declaratoria d'ammissione e l'ordine di rilascio pei detenuti. Ciò è espressamente dichiarato dall'art. 830 Procedura Penale modificato dal R. Decreto 1 dicembre 1889.

Prima dell'attuazione della nuova legislazione penale era dubbio quale si fosse l'autorità competente a pronunziare sull'Amnistia. L'antico art. 830 demandava tutti i casi alla Sezione di Accusa, epperò questionavasi se l'Amnistia avesse bensì potuto applicarsi dal magistrato di cognizione (¹). Con l'art. 86 del nuovo Codice Penale ogni dubbio fu allontanato. Nondimeno la Commissione ritenne conveniente che la competenza risultasse esplicitamente mercè l'aggiunta introdotta nel primo capoverso dell'art. 830 e la modificazione fatta al capoverso dell'art. 832 (²).

La giurisdizione della Sezione di Accusa quindi, ora, è *limitata alle sole condanne irrevocabili*, a meno che la Sezione istessa non applichi l'Amnistia *jure proprio*, ossia qual magistrato di cognizione (³). In tutti gli altri casi la competenza è del magistrato di cognizione, e se non è da questi applicata, è aperto sempre l'adito alla Sezione di Accusa (⁴).

Si è da tempo fatta questione se, sopravvenuta l'Amnistia nelle more del giudizio di Cassazione, debba questa dichiararla. La giurisprudenza non ha guari presentavasi oscillante (⁵). Le recenti decisioni però hanno costantemente ritenuto che la istanza per l'applicazione dell'Amnistia è sempre proponibile anche in Cassa-

---

(¹) Vedasi NARICI, pag. 500 della *Riv. Pen.* Monografia con la quale concludeva che « La giurisdizione della Sezione di Accusa ad applicare l'Amnistia dovesse limitarsi al periodo istruttorio ed una volta iniziato il giudizio la potestà spettarne al magistrato di cognizione ». Vedasi anche SALUTO, pag. 84.

(²) Relazione Zanardelli a S. M. Il Re, pag. 59.

(³) TRAVAGLIA. *Comm. Cod. Pen.*, pag. 434. - GIACHETTI, pag. 477 e note ivi.

(⁴) Giurisprudenza costante. Vedansi sentenze Cass. 7 gennaio 1895. *Riv. Pen.* Vol. 41, pag. 278 - 8 novembre 1896. *Riv. Pen.* Vol. 44, pag. 102 - 27 maggio 1896. *Riv. Pen.* Vol. 44, pag. 513 - 19 giugno 1899, pag. 274. *Riv. Pen.* Vol. 4 - 19 aprile 1899. *Riv. Pen.* Vol. 50, pag. 61.

(⁵) Vedasi SALUTO. *Comm. Cod. Proc. Pen.*, N.° 2617. pag. 94, nonchè Monografia dell'avv. ABRAMO LEVI. *Digesto Italiano*, pag. 147, fasc. 188.

zione la quale può direttamente applicarla quando ne abbia gli estremi (¹).

II. Se dagli atti non risulti abbastanza se il reato per cui si procede sia compreso nell'Amnistia, il Procuratore Generale sospenderà di provvedere fino a che il titolo del reato non apparisca dagli atti sufficientemente indicato — e qualunque domanda che sia dall'interessato presentata per godere dell'Amnistia non sospenderà il corso della procedura seguita per l'accertamento della natura del reato.

III. L'art. 830 prevede anche la ipotesi in cui il Procuratore Generale non abbia fatto la richiesta di ufficio, o non sia stata dal magistrato di cognizione applicata l'Amnistia. In questo caso il condannato potrà, entro sei mesi dalla pubblicazione del decreto, ricorrere per ottenere la declaratoria alla Sezione di Accusa, la quale statuirà immediatamente sul ricorso, sentito il P. M.

Sorse dubbio se, scorsi i sei mesi, il condannato perda il dritto di reclamare l'ammissione all'Amnistia.

La Corte di Cassazione con sentenza 27 maggio 1896 (²) ritenne che decorsi i sei mesi non possa il condannato domandare l'applicazione in suo favore ai termini dell'art. 830 al. 4 C. P. P., qualunque sia stato il motivo pel quale il P. M. non abbia creduto di provocare la declaratoria.

Il principio sanzionato dalla detta sentenza trovasi discorde con quello affermato dal SALUTO, dal BORSANI e CASORATI (³), i quali ritengono invece che la omissione della richiesta da parte del Procuratore Generale non faccia perimere al condannato il dritto a chiedere l'Amnistia, giacchè la legge non ha sancita tale decadenza.

La opinione di questi insigni scrittori è seguita eziandio nella pratica, essendo invalso quasi dappertutto il sistema di ammettere il condannato a fruire dell'Amnistia anche dopo decorsi i sei mesi.

Al Procuratore Generale d'altronde è sempre data la facoltà, senza limitazione di tempo, di provocare dalla Sezione di Accusa

---

(¹) Sentenza 15 maggio 1896. *Riv. Pen.* Vol. 44, pag. 84, conforme a quanto era stato in precedenza deciso dalla stessa Cassazione con sentenza 14 dicembre 1887, pag. 655. Vol. 27 della *Riv. Pen.*
(²) Sentenza Cass. 27 maggio 1896. *Riv. Pen.* Vol. 44, pag. 493.
(³) SALUTO. Vol. 8, pag. 94. - BORSANI e CASORATI. Vol. 7, pag. 486.

la declaratoria — facendo propria la domanda del condannato — specie se si tratti di detenuti (¹).

§ 3.º

Procedura per l'Amnistia condizionata.

Se il Reale Decreto impone obblighi o condizioni, chi intende goderne deve nel termine stabilito nel Decreto istesso, ed in difetto entro sei mesi, ricorrere alla Sezione di Accusa, la quale statuirà sull'istanza sentito il P. M. (²). Se i termini prestabiliti nel Reale Decreto o i sei mesi decorreranno inutilmente, senza che il condannato abbia adempito agli obblighi impostigli, è fuori di dubbio che il dritto al reclamo di cui all'art. 830 si perime. Quando l'Amnistia impone delle condizioni, l'azione penale, dice la Corte di Cassazione (³), rimane sopita, per rimanere poi estinta qualora venga eseguito ciò che dal Sovrano venne prescritto, o per riprendere il suo corso qualora le poste condizioni restassero violate o rimanessero inadempite.

§ 4.º

Procedura per l'applicazione dell'Indulto.

I. Per l'art. 831 della Procedura Penale, chi intende godere dell'Indulto dovrà farne domanda nel termine di sei mesi dalla pubblicazione del Decreto alla Sezione di Accusa, la quale statuirà sentito il P. M.

Nella pratica però è invalso il sistema di promuovere di ufficio le declaratorie di ammissione.

(¹) La questione è trattata anche dall'avv. LEVI. Vedi monografia nel *Digesto Italiano*, pag. 138, fasc. 188. - Il valoroso scrittore fa menzione di una sentenza della Cass. Francese, la quale giudicò che colui che al momento in cui un'Amnistia è pubblicata si trova detenuto in virtù di un giudicato debba essere ammesso ad invocare l'Amnistia quantunque il termine sia già scorso.
(²) Vedasi art. 830 cap.
(³) Sent. Cass. 18 maggio 1898. *Riv. Pen.* Vol. 48, pag. 52.

II. La competenza ad applicare l'Indulto è senza dubbio della Sezione di Accusa. L'Indulto infatti, come espressamente è dichiarato nell'art. 831, riguarda le sentenze passate in cosa giudicata e non già quelle che sono ancora rimediabili. Non può quindi parlarsi di magistrato di cognizione. Senonchè, come sarà esposto nella parte terza, l'Indulto potrà anche concernere le condanne che saranno inflitte in data posteriore al Reale Decreto, ma ciò avviene quando il Decreto istesso espressamente conceda il condono delle pene applicate o d'applicarsi. In questo caso, derogandosi al principio generale sopra cennato, l'Indulto può anche applicarsi dal magistrato di cognizione — e tale applicazione deve farsi o in sede di giudizio, o dopo questo, e non mai in sede istruttoria (¹).

Una elegante e interessante questione trattò la Corte di Cassazione con la sentenza 16 novembre 1894 (²). Giudicò che se per le condanne già divenute irrevocabili al sopraggiungere dell'Indulto è debito della Sezione di Accusa procedere all'applicazione di esso, per quelle poi lasciate passare in cosa giudicata dopo la concessione del beneficio e senza che siasene *invocata* l'applicazione, non c'è più modo di invocare l'applicazione dell'Indulto. La Corte basò tale decisione sulla considerazione che se il giudizio è già irrevocabile al momento in cui viene pubblicato il Decreto, non cade dubbio che la Sezione di Accusa debba applicare l'Indulto che riguarda appunto le sentenze irrevocabili, e non si tratta di riformare il giudicato, ma solamente di fare godere al condannato il beneficio Sovrano. Ma se per contro allorchè il giudizio sopra un reato venga fatto dopo la pubblicazione del Decreto d'Indulto, siccome sono i giudici stessi decidenti sul merito che debbono applicarlo, e l'interpretazione del Reale Decreto che lo accorda diviene anch'essa un giudizio, così se l'interessato creda di essere tale giudizio erroneo, deve esperire nei termini prefissi quei mezzi riparatori che la legge gli accorda, e qualora non l'abbia fatto, decade da un tale dritto perchè il *giudizio* sul modo di applicare l'Indulto, al pari del giudizio sul merito, è passato in giudicato.

La questione non è priva di interesse; e la risoluzione data, evidentemente logica, merita di essere tenuta presente nella pratica. Essa in sostanza proclama che il magistrato di cognizione *in sede di giudizio*, debba applicare l'Indulto come ogni altra legge. Il suo pronunziato quindi, sia che neghi l'ammissione al beneficio,

---

(¹) Sent. Cass. 26 maggio 1896. *Riv. Pen.* Vol. 44, pag. 186. — 30 aprile 1897. *Riv. Pen.* Vol. 46, pag. 56. — 6 febbraio 1897. *Riv. Pen.* Vol. 45, pag. 385.
(²) Sent. 16 novembre 1894. *Riv. Pen.* Vol. 41, pag. 233.

sia che non ne tenga conto, è come ogni altra sentenza rimediabile con appello o ricorso, nei termini di procedura. Se l'interessato si vede leso nel suo dritto e non esperimenta nel termine il secondo grado di giurisdizione, implicitamente accetta la sentenza; e quando questa è passata allo stato irrevocabile, non può ricorrere al magistrato speciale.

§ 5.°

Carattere delle declaratorie della Sezione di accusa e mezzi per impugnarle.

Le declaratorie di Amnistia costituiscono vere sentenze irretrattabili che non possono essere revocate o modificate dallo stesso magistrato che le ha pronunziate. Al P. M. quindi, ed allo interessato cui sia stato negato il beneficio, compete il ricorso in Cassazione (¹). La giurisprudenza sul proposito è costante, avendo riferrmato quella massima con parecchie decisioni; e di recente anche dichiarò che quando la Sezione di Accusa abbia erroneamente pronunziato sull'applicabilità o meno dell'Amnistia, compete il dritto d'impugnarla per Cassazione, ma non di chiederne la revocazione, sia pure per *errore di fatto*, alla stessa Sezione di Accusa (²).

§ 6.°

Procedura per la Grazia.

I. Il condannato che voglia rivolgersi alla Sovrana Clemenza per avere Grazia, deve, per l'art. 826 Codice Procedura Penale, presentare al Ministero di Grazia e Giustizia domanda diretta al Re.

Tale domanda, prescrive lo stesso articolo, deve essere sottoscritta dal ricorrente o da un procuratore esercente od avvocato. La esecuzione delle sentenze, anche in vista di tale ricorso per

---

(¹) Sentenza Cass. 17 agosto 1899, *Riv. Pen.* fasc. V, pag. 493. — Sent. Cass. 30 giugno 1897. *Riv. Pen.* Vol. 46, pag. 294. — 9 giugno 1897. *Riv. Pen.* Vol. 46, pag. 178. — 1 luglio 1896. *Riv. Pen.* Vol. 44, pag. 291. — 30 dicembre 1895, *Riv. Pen.* Vol. 43, pag. 207.

(²) Sent. Cass. 24 luglio 1899. *Riv. Pen.* Vol. 50, fasc. IV, pag. 362.

grazia, non viene sospesa, salvo che il Ministero non abbia ordinato altrimenti.

A rendere più spedita la risoluzione sulle domande per Grazia, il Ministero con la circolare 3 dicembre 1898 (¹) consentì che i ricorsi per Grazia venissero presentati alle stesse autorità che sono chiamate ad istruirle e dare il loro parere. Fu quindi data facoltà ai Procuratori Generali ed ai Procuratori del Re di ricevere ed istruire le istanze che loro siano direttamente presentate; e fu fatto conoscere ai Sindaci ed ai Consigli dell'Ordine degli Avvocati che nell'interesse degli stessi ricorrenti è preferibile attenersi a tale sistema anzichè lo inviare le istanze al Ministero. Quanto alla istruzione delle domande, la menzionata Circolare richiama l'osservanza delle precedenti emanate in data 1.° aprile 1891 e 14 marzo 1895, e fece raccomandazione che debbano sospendersi, in vista del ricorso per Grazia, le esecuzioni delle sentenze per le condanne a pene restrittive non eccedenti *i cento giorni od a pene pecuniarie*.

II. La istruzione delle domande per Grazie è diretta a ricercare tutti gli elementi relativi allo stato civile del ricorrente, i precedenti giudiziari, le modalità con le quali il fatto è stato compiuto, e se in vista della condotta morale tenuta prima della consumazione del reato, possa il ricorrente istesso ritenersi meritevole di un atto di Sovrana Indulgenza. La Grazia deve circondarsi di tutte queste guarantigie, affinchè risponda a' suoi fini e incontri il plauso della universalità. Essa, notava il GIULIANI, è aperta al cittadino più infelice che colpevole, ed è chiusa alla proterva immoralità ed alla sozza depravazione (²).

III. La Grazia deve essere applicata alle sole condanne divenute irrevocabili e tale regola non ha alcuna eccezione siccome si è visto nell'Indulto. Conseguentemente si ritenne che non siano suscettibili di Grazia le condanne criminali pronunciate in conmacia, perchè queste non passano mai in giudicato essendo revocabili con la presentazione del condannato (³).

IV. Coloro che riporteranno Decreto di Grazia, dovranno nel termine di due mesi dalla spedizione presentarlo al P. M. presso la Corte o Tribunale che hanno pronunziata la condanna: *in difetto decaderanno dal beneficio*.

(¹) Circolare N. 1457, *Bollettino Ufficiale* N. 47 del 1898.
(²) GIULIANI, *Comm. Cod. Gim.*, Vol. I, pag. 277.
(³) BORSANI e CASORATI. Vol. VII, pag. 488. — GIACHETTI. *Comm. Cod. Pen.* Vol. III, pag. 430.

Se la Grazia riguarda un reato di competenza dei Pretori, il Decreto sarà presentato entro lo stesso termine e sotto la stessa pena al Procuratore del Re presso il Tribunale, dal quale i Pretori dipendono. Quando il condannato graziato si trovi in espiazione di pena, il Decreto sarà trasmesso dal Ministero di Grazia e Giustizia al P. M. pel rilascio del detenuto qualora questi, per l'ottenuta Grazia, non debba espiare più pena (¹).

V. Il Decreto di Grazia sarà dalle Cancellerie delle autorità giudiziarie che hanno pronunziate le condanne, annotato in fine od in margine della sentenza, e ciò entro tre giorni da quello della comunicazione del Decreto, e sotto una penale di L. 10 di ammenda (²).

VI. Se il Decreto non porta che una commutazione od una diminuzione di pena, o l'una e l'altra insieme, o contiene condizioni, il P. M. ne promuoverà l'esecuzione, e si osserveranno le annotazioni di cui sopra è parola (³).

PARTE TERZA

§ 1.°

Applicazione ai casi di vera e propria Amnistia.

L'Amnistia, siccome fu innanzi definita, abolisce l'azione penale e fa conseguentemente cessare tutti gli effetti della condanna. Sicchè essa deve essere applicata in qualunque stadio si trovi l'attività penale: sia in grado d'istruzione o di accusa, sia in grado del giudizio, e sia che la esecuzione della condanna sia incominciata o pencolante al termine. L'Amnistia vera e propria adunque, nella sua applicazione non deve avere riguardo che al reato, e questo obliando, travolge nel nulla tutto ciò che erasi fatto per perseguirlo.

Se la esecuzione però è di già compiuta, espiata la pena, cessata la parte del magistero penale, l'Amnistia non è operativa. La

---

(¹) (²) (³) Articoli 827, 828, 829 Cod. Proc. Pen.

sua indole è quella dell'estinzione dell'azione e della cessazione della esecuzione della condanna, epperò, come ben disse il Supremo Collegio (¹), non può parlarsi di Amnistia che estingue, giacchè non si può porre nel nulla ciò che non esiste, ciò che è già estinto (²).

§ 2.°

Applicazione ai casi di vero e proprio Indulto e sue eccezioni.

L'Indulto che condona le pene inflitte (³), riguardar deve le sole sentenze che al momento della pubblicazione del R. Decreto si trovino in istato di cosa giudicata, e non può quindi essere applicato a quelle che nella stessa data si trovino *in itinere*. Ciò è espressamente dichiarato dalla Corte regolatrice con la sentenza 14 gennaio 1899 (⁴).

II. Alcuni decreti d'Indulto, come si è visto nella pratica, portano il condono *delle pene applicate o d'applicarsi* (⁵). Di fronte a questa menzione fatta nel Reale Decreto, non può tenersi presente il principio generale dianzi accennato, giacchè in questo caso il beneficio devesi applicare non solamente alle sentenze di già pronunziate ed irrevocabili all'emanazione del decreto, ma altresì a quelle che saranno emesse in data posteriore. È una deroga insomma che il Reale Decreto, con quella espressa menzione, fa al principio sancito dall'art. 831 Codice Proc. Penale.

III. Altri decreti hanno avuto diversa locuzione, dichiarando condonate le *pene incorse* al momento della pubblicazione dell'in-

---

(¹) 9 novembre 1896. Vol. 132, confermata con altra del 26 marzo 1897. *Riv. Pen.* Vol. 46, pag. 341 — 17 marzo 1899. *Riv. Pen.* Vol. 1, pag. 508, 1.° semestre.

(²) Esempi di vera e propria Amnistia: Decreti 24 ottobre 1896 Num. 464, art. 1.°; 22 aprile 1893 N. 190, art. 1.°; 3 marzo 1898 N. 42-44; per le contravvenzioni alle leggi finanziarie: 14 marzo 1896 N. 58; Amnistia piena ai condannati dai Tribunali militari; 11 giugno 1899 N. 206.

(³) Esempi di Decreti d'Indulto per condono di pene inflitte: 3 marzo 1898 N. 43 e 29 dicembre 1898 N. 503; portante condono o diminuzione di pene inflitte: 4 giugno 1899 N. 192; 11 giugno 1899 N. 207.

(⁴) Sent. Cass. 14 gennaio 1899. *Riv. Pen.* Vol. 29, fasc. III, pag. 283.

(⁵) Esempi di condono di pene applicate o d'applicarsi: art. 2 R. D. 22 aprile 1893 N. 190; art. 3 R. D. 24 ottobre 1896 N. 464.

dulto (¹). Anche con tale locuzione si volle fare una deroga al principio di cui sopra, giacchè si ritenne che, dato il significato grammaticale del verbo incorrere, debba comprendersi in esso sì il concetto della pena già pronunziata per una infrazione di legge, che l'altro di pena cui si debba soggiacere per un reato non ancora colpito da condanna (²).

IV. In entrambe queste due eccezioni prima di applicare lo Indulto è mestieri che si proceda al giudizio (³) e ciò perchè quel beneficio è subordinato al caso che il magistrato dichiari la colpabilità di colui che giudica.

§ 3.°

Casi di Amnistia-Indulto.
(Decreti cumulativi)

Nella pratica spesso ci troviamo di fronte a Reali Decreti che estinguono l'azione e condonano le pene inflitte (⁴). Con tale locuzione i decreti istessi concedono Amnistia ed Indulto ad un tempo.

Per distinguere quale sia il caso dell'Amnistia, quale quello dell'Indulto, bisogna aver presente se l'azione penale trovisi ancora in vigore, oppure se sia esaurita con la condanna passata in regiudicata. Nella prima ipotesi si è di fronte all'Amnistia, nella seconda all'Indulto.

Nella prima ipotesi non si può far richiamo al principio cennato nei casi di vera e propria Amnistia, in cui la estinzione della condanna è conseguenza dell'estinzione dell'azione penale. Quei casi, come innanzi si è detto, risguardano il reato senza badare allo stadio in cui si trovi il procedimento.

(¹) Esempi di condono di pene incorse: R. Decreto 11 giugno 1899, N. 208.
(²) Sent. Cass. 2 aprile 1897. *Riv. Pen.* Vol. 15, pag. 574.
(³) Sent. Cass. 26 maggio 1896, *Riv. Pen.* Vol. 44, pag. 186. — 6 febbraio 1897, Vol. 45, pag. 385. — 30 aprile 1899, Vol. 46, pag. 56.
(⁴) Casi di Amnistia-Indulto: R. D. 19 settembre 1881, N. 412, col quale è abolita l'azione penale e condonate le pene inflitte; R. D. 3 giugno 1888; R. D. 15 maggio 1890; 30 novembre 1890, N. 7629; 3 marzo 1898, N. 41.

Nei cennati decreti invece si parla di abolizione di **azione penale** e di condono di pene inflitte. Essi dunque, nel favorire una determinata categoria di reati, hanno bensì riguardo allo stato in cui si trovi la penale attività, e questa scindendo in due stadî, concedono Amnistia fino a quel punto in cui l'azione possa essere estinta, e Indulto — cioè semplice *condono* o *rimessione* di pene — per quello stadio in cui il procedimento penale si trovi, non più in azione, bensì in via di esecuzione. Nè potrebbe, a mio credere, parlarsi di diverso trattamento, giacchè la condizione di colui che trovasi di già condannato con una sentenza irrevocabile, è ben diversa da quella di colui non per anco giudicato, e pel quale vi potrebbe essere la presunzione dell'innocenza.

Tali concetti sono confermati dal Supremo Collegio con la sentenza 1897 (¹), con la quale dichiarò che *di fronte ad una sentenza passata in giudicato, non si può parlare di abolizione dell'azione penale — quindi non è applicabile l'Amnistia, ma l'Indulto soltanto* (²).

II. Esempi di decreti cumulativi li offrono i Regi Decreti 22 aprile 1893 N. 190 e 24 ottobre 1896 N. 464. Le istruzioni emanate per l'applicazione dei cennati benefici chiariscono i concetti in base ai quali distinguere i casi dell'Amnistia da quelli dell'Indulto. L'art. 2 del primo decreto infatti si esprimeva:
« È concessa Amnistia per tutti i reati importanti pena tempo-
» ranea restrittiva della libertà personale non superiore ai tre
» mesi, se la pena sia della reclusione, o ai sei mesi se la pena
» sia della detenzione, del confino o dell'arresto --- ovvero che
» importino pena pecuniaria non superiore alle lire 1800. Ove i
» reati importino pene superiori alle predette nella durata o
» nell'ammontare, la pena applicata o d'applicarsi è ridotta
» rispettivamente di tre o sei mesi, ovvero di lire 1800 ».

Il Ministero di Grazia e Giustizia con la circolare 29 aprile 1893 N. 1280 spiegava che « i casi di vera e propria Amnistia,
« cioè di estinzione dell'azione penale e conseguente cessazione
» della condanna, erano quelli preveduti dalla prima parte; mentre
» i casi d'Indulto, ossia di semplice condono di pena, eran quelli
» preveduti dal capoverso del cennato art. 2 ».

(¹) *Riv. Pen.* Vol. 45, pag. 572 — Consultisi anche sentenza conforme 16 giugno 1897. *Riv. Pen.* Vol. 46, pag. 175.

(²) La massima esposta fu dalla Corte adottata applicando l'art. 2 del R. Decreto 24 ottobre 1896, N. 464.

Si fece questione se in caso di condanna non superiore ai tre mesi di reclusione o sei mesi di detenzione, concernente però un reato che poteva importare una pena maggiore, avesse dovuto applicarsi l'Amnistia o l'Indulto. — Il Ministero, con la cennata circolare, prevedendo siffatto dubbio, aveva spiegato che nel caso sopra esposto la pena inflitta dovesse essere interamente condonata in virtù d'*Indulto* e non d'*Amnistia*. — Larga copia di decisioni della Suprema Corte confermarono costantemente le spiegazioni date dal Ministero, giudicando « che il criterio per decidere se il caso fosse o non compreso fra quelli di vera e propria Amnistia, dovesse esser dato dalla pena comminata dalla legge pel fatto specifico ritenuto dal magistrato, non da quella in concreto applicata dal magistrato istesso. » (¹) — Anche il SALUTO (²) corrobora il principio affermato dalla giurisprudenza. « Il titolo del reato, egli dice, è quello che servir deve di regola nell'applicazione dell'Amnistia, senza di che questa dipenderebbe dal labbro del magistrato anzichè dalla determinazione della Corona, arbitrio che renderebbe ineguale la condizione dei cittadini in faccia alla legge, variabile secondo il vario modo di pensare dei giudicanti ».

In conseguenza di tali principî si ritenne che trattandosi di delitto preveduto dall'art. 420 N. 3 C. Pen. con l'aggravante di cui al capoverso, non potesse dichiararsi estinta l'azione penale per amnistia, ma solo applicarsi lo Indulto (³).

Anche in ordine all'applicazione dell'art. 2 del R. Decreto 24 ottobre 1896 N. 464, col quale veniva abolita l'azione penale pei reati pei quali la legge *stabiliva* una pena afflittiva non eccedente i sei mesi, la questione di sopra cennata fu ripresentata allo esame della Corte di Cassazione. La quale, in conformità delle precedenti sentenze, giudicò che per l'applicazione dell'Amnistia dovesse aversi riguardo alla pena edittale, non già a quella in concreto applicata dal giudice (⁴).

(¹) Sentenze 9 maggio 1893. *Cass. Unica*, col. 925 — 17 agosto 1893. *Cass. Unica*, col. 994. — 5 ottobre 1893. *Riv. Pen.* Vol. 39, pag. 215 — 5 gennaio 1894. *Riv. Pen.* Vol. 39, pag. 806 — Mass. 341. — 27 aprile 1894. *Riv. Pen.* Vol. 40, pag. 347. — Quest'ultima sentenza tratta esaurientemente la questione.
(²) SALUTO. *Com. Cod. Proc. Pen.* Vol. 8, pag. 70.
(³) Sent. 19 luglio 1893. *Riv. Pen.* Vol. 39, pag. 49.
(⁴) Sent. 19 gennaio 1897. *Cass. Unica*, col. 397.

§ 4.°

Criterî generali in ordine all' applicazione dei tre beneficî

I. L'Amnistia non può riflettere che i reati già avvenuti fino alla data in cui viene pubblicata o decretata. Dalla giurisprudenza e dalla dottrina si ritiene che il detto beneficio comprenda bensì quei reati commessi nel giorno della pubblicazione del Decreto istesso (¹), nonchè quelli che, commessi in data anteriore, siano scoverti e processati in data posteriore al Decreto (²).

II. Vanno però esclusi i delitti continuati, quantunque il primo atto sia commesso prima della pubblicazione dell'Amnistia (³). Il reato continuato, dice il BORSANI, è un ente complesso che si scinde in una molteplicità di atti ripetuti, i quali, malgrado il legame con gli anteriori, stanno pure separatamente senza che manchino alla loro perfezione nè l'elemento materiale, nè l'elemento intenzionale » (⁴).

III. In conseguenza di tali principî si è ritenuto che in tema di bancarotte non può applicarsi l'Amnistia quando la sentenza dichiarativa di fallimento è posteriore alla concessione del beneficio, ritenendosi come reato continuato (⁵).

IV. L'Amnistia è applicabile indistintamente ai reati di azione pubblica ed a quelli di azione privata (⁶). Anche la dottrina, un tempo scissa in quanto all'influenza estintiva dell'Amnistia pei reati perseguibili a querela di parte, può dirsi ora conforme (⁷). È vero che l'esercizio dell'azione penale è subordinato alla istanza della parte offesa; ma l'azione, come dice l'IMPALLOMENI, è sempre pubblica, giacchè è di pubblico interesse la punizione del colpevole.

(¹) Sent. 23 gennaio 1897. *Cass. Unica*, col. 391 — 16 dicembre 1897, M. 180 — *Riv. Pen.* Vol. 47, pag. 181 — BORSANI e CASORATI, Vol. I, pag. 203.

(²) SALUTO. *Com. Cod. Proc. Pen.* pag. 74.

(³) Giurisprudenza costante. — Vedasi Sent. 15 giugno 1898. *Riv. Pen.* Vol. 8, pag. 259.

(⁴) BORSANI e CASORATI. Vol. I, pag. 237.

(⁵) Sent. 31 ottobre 1898. *Riv. Pen.* pag. 64. — 1 febbraio e 27 marzo 1899. *Riv. Pen.* Vol. I, pag. 509.

(⁶) Sent. 2 febbraio 1897, *Riv. Pen.* Vol. 45, pag. 384.

(⁷) TRAVAGLIA. Vol. II, pag. 418. — IMPALLOMENI. Vol. I, pag. 319. — SALUTO. *Com. Cod. Proc. Pen.* Vol. 8, pag. 75.

V. In tema di Amnistia il magistrato deve farne applicazione senza potere procedere ad alcuna indagine sulla colpabilità dell'imputato. Tale massima fu stabilita con sentenza 18 gennaio 1897 (¹) della Corte di Cassazione, la quale considerò che se l'Amnistia estingue l'azione penale, essa *tamquam sangitta* colpisce il procedimento, e non può esservi giudizio di accertamento di prova che, presuppone necessariamente la procedibilità dell'azione. La detta Corte, con una precedente sentenza (²) aveva affermato invece che ove sia in una causa sollevata la questione sulla inesistenza del reato, il giudice deve, prima di applicare l'Amnistia, decidere se vi sia o no reato punibile, e nella negativa dichiarare inesistente il reato e non estinta l'azione per Amnistia. Molti giuristi plaudirono a tale massima, ma la giurisprudenza non la riformò, giacchè con le posteriori sentenze 17 gennaio 1894 (³) e 18 gennaio 1897 adottò contrario avviso (⁴).

VI. In caso di concorso di reati il condono o la diminuzione della pena concesso dallo Indulto si applica una volta sola sulla pena unica complessiva che è il risultato del cumulo giuridico delle pene inflitte per ciascun reato, e non già tante quanti sono i reati (⁵).

VII. Trattandosi però di reato punito con pena restrittiva della libertà personale e pena pecuniaria insieme, il condono totale o parziale deve farsi su entrambe le pene (⁶).

VIII. Quando un Decreto d'Indulto ordini la condonazione delle pene pronunziate, devesi avere riguardo unicamente alle sentenze di condanna profferite dal giudice, e non alla pena residuata in seguito a precedenti grazie speciali, quantunque queste abbiano ridotta la pena a quella misura, cui il Decreto l'abbia circoscritta all'effetto di potere essere condonata (⁷).

(¹) Sent. 18 gennaio 1897. *Riv. Pen.* Vol. 45, pag. 270.
(²) 14 giugno 1893. *Cass. Unica*, col. 818.
(³) *Riv. Pen.* Vol. 39, pag. 485.
(⁴) La questione è ampiamente e con molta dottrina trattata dall'avv. ANNIBALE ALPI in una Monografia pubblicata nella *Riv. Pen.* Vol. 43, pag. 228. Il chiaro scrittore sostiene la massima affermata dalla sentenza 18 gennaio 1897, sopra riportata.
(⁵) Sent. 27 gennaio 1897. *Riv. Pen.* Vol. 45, pag. 385. — Confermata da altra del 2 dicembre 1897 della Cassazione a Sezioni riunite. *Riv. Pen.* Vol. 47, pag. 133.
(⁶) Sent. 21 gennaio 1893. *Cass. Unica*, col. 814. — 18 febbraio 1897. *Riv. Pen.* Vol. 45, pag. 383.
(⁷) Cass. Firenze 1882. *Boll. Uff.* — Vedasi pure *Circolare Ministeriale* 29 aprile 1898, n. 1280.

IX. Quando un Decreto esclude dal beneficio dell'Amnistia e dell'Indulto coloro che abbiano riportata una precedente condanna per delitto, non devesi avere riguardo soltanto ai recidivi in genere, ma a tutti quelli che, recidivi o non, abbiano riportata una precedente condanna per delitto entro i termini stabiliti nell'articolo 80 C. P. (¹).

X. Ed in conseguenza di tale principio si è pure ritenuto che una precedente condanna riportata all'Estero, quantunque non costituisca recidiva, osta all'applicazione dell'Amnistia quando questa prescriva la condizione che l'imputato non sia macchiato da precedenti condanne (²). Il ritorno al delitto — anche se di poca entità — mostra nel colpevole una perversità morale, resistente alla mano correttrice della giustizia. Colui che si trova in tale condizione è quindi indegno di qualunque atto di Sovrana Clemenza — e deve soddisfare alla sua penale responsabilità.

(¹) Sent. 21 gennaio 1893. *Cass. Unica*, col. 822. — 15 luglio 1893. *Cass. Unica*, col. 971. — 12 maggio 1897. *Riv. Pen.* Vol. 16, pag. 56.
(²) Sent. 11 ottobre 1893. *Riv. Pen.* Vol. 39, pag. 59.

INDICE

PARTE PRIMA

§ 1.º - *Caratteri generali e differenziali dell'Amnistia, Indulto e Grazia* . . . . PAG. 7

§ 2.º - *Effetti dell'Amnistia* . . . . » 8
    Reintegrazione nei diritti civili - Riabilitazione. N. I. . . . . » 8
    Recidiva. N. II. . . . . » 8
    Se il cartellino possa eliminarsi e se possa cancellarsi l'imputazione dai registri penali. N. III. . . . . » 9
    Esonero dal pagamento delle spese processuali - Diritti dei terzi. N. IV. . . . . » 11
    Pagamento di spese quando la pena è espiata. N. V. . . . . » 11
    Azione civile. N. VI. . . . . » 11
    Efficacia giuridica della condanna civile pronunziata insieme alla condanna penale amnistiata. N. VII. . . . . » 11
    Competenza a conoscere dell'azione civile. N. VIII. . . . . . » 11
    Eccezione - Azione penale promossa contro più individui. N. IX » 12

§ 3.º - *Effetti dell'Indulto e della Grazia* . . . . » 13
    Forza esecutiva della condanna. N. I. . . . . » 13
    Spese processuali ed efficacia della condanna ai danni e restituzioni. N. II. . . . . » 13
    Altri effetti. N. III. . . . . » 14

§ 4.º - *Sul diritto alla restituzione delle cose confiscate e delle somme pagate all'Erario.* N. I. . . . . » 14
    Sul diritto alla restituzione della somma pagata dopo il decreto d'Amnistia. N. II. . . . . » 14
    Sul diritto alla restituzione della somma pagata dopo un decreto d'Indulto. N. II. . . . . » 14

PARTE SECONDA

§ 1.° - *Amnistia condizionata ed incondizionata.* N. I. . . . . PAG. 15
Se l'Amnistia possa essere rifiutata. N. II. . . . . » 15
§ 2.° - *Procedura per l'Amnistia incondizionata.* N. I. . . . . » 16
Richiesta del Procuratore Generale - Diritto al reclamo se
scorsi sei mesi. N. III. » 18
§ 3.° - *Procedura per l'Amnistia condizionata* . . . . » 19
§ 4.° - *Procedura per l'applicazione dell'Indulto.* . . . . » 19
Domanda dell'interessato. N. I. . . . . » 19
Competenza ad applicare l'Indulto. N. III . . . . » 20
§ 5.° - *Carattere delle declaratorie della Sezione d'Accusa - Mezzi
per impugnarle* . . . . » 21
§ 6.° - *Procedura per la Grazia.* N. I a VI . . . . » 21

PARTE TERZA

§ 1.° - *Applicazione ai casi di vera e propria Amnistia.* . . . . . . » 23
§ 2.° - *Applicazione ai casi d'Indulto.* . . . . » 24
Condono di pene inflitte. N. I. . . . . » 24
Condono di pene applicate o d'applicarsi. N. II. . . . . » 24
Condono di pene incorse. N. III. . . . . » 24
Necessità che si proceda al giudizio. N. IV. . . . . » 24
§ 3.° - *Casi di Amnistia-Indulto, Decreti cumulativi.* N. I. . . . . . » 25
Criterio dato dalla pena comminata dalla legge. N. II. . . . . » 26
§ 4.° - *Criteri generali.* . . . . » 28
Reati avvenuti fino alla data del decreto - Reati commessi
nella stessa data del decreto - Reati commessi prima e
scoverti dopo il decreto. N. I. . . . . » 28
Esclusione dei delitti continuati. N. II e III. . . . . » 28
Reati di azione pubblica e di azione privata. N. IV. . . . . . » 28
Indagini sulla colpabilità dell'imputato. N. V. . . . . » 29
Condono applicato in caso di concorso di reati e di pene. N. VI » 29
Idem alle pene afflittive e pecuniarie. N. VII. . . . . » 29
Idem alle pene residuate in seguito a precedenti grazie speciali. N. VIII . . . . » 29
Condanne precedenti. N. IX . . . . » 30
Condanne riportate all'Estero. N. X. . . . . » 30

Printed by Libri Plureos GmbH in Hamburg, Germany